MONTSERRATE

SOUVENIRS

D'UNE

EXCURSION A CINTRA

(PORTUGAL)

PAR

G. DE SAINT-VICTOR

MEMBRE DE LA SOCIÉTÉ DES AGRICULTEURS DE FRANCE
DE LA SOCIÉTÉ NATIONALE D'HORTICULTURE DE FRANCE, ETC., ETC.

PARIS

IMPRIMERIE DE LA SOCIÉTÉ DE TYPOGRAPHIE

NOIZETTE, 8, RUE CAMPAGNE-PREMIÈRE, 8

1888

MONTSERRATE

SOUVENIRS

D'UNE EXCURSION A CINTRA

MONTSERRATE

SOUVENIRS
D'UNE
EXCURSION A CINTRA
(PORTUGAL)

PAR

G. DE SAINT-VICTOR

MEMBRE DE LA SOCIÉTÉ DES AGRICULTEURS DE FRANCE
DE LA SOCIÉTÉ NATIONALE D'HORTICULTURE DE FRANCE, ETC., ETC.

PARIS
IMPRIMERIE DE LA SOCIÉTÉ DE TYPOGRAPHIE
NOIZETTE, 8, RUE CAMPAGNE-PREMIÈRE, 8

1888

SOUVENIRS

D'UNE EXCURSION A CINTRA [1]

Le parc et le magnifique château de ce nom est à une distance de trois kilomètres de la jolie ville de Cintra, à une altitude moyenne de 200 mètres au-dessus du niveau de la mer. La propriété de M. Cook, vicomte de Montserrate, est située en dessous du pic que domine le château royal de *Penha* où le roi Don Fernando avait su créer des jardins merveilleux qui ont donné l'idée de faire plus et mieux encore, car il paraît que c'était possible. Il convient de constater que l'exemple avait été donné et d'ajouter aussitôt qu'il a été bien suivi. Grâce au climat, à l'eau et au soleil, et suivant l'exposition, le créateur de ce parc sans rival a pu réunir tous les végétaux d'Europe savamment entremêlés avec les plus belles plantes de la zône tropicale. Ceux de mes lecteurs qui s'occupent d'horticulture comprendront la difficulté que j'éprouve à faire d'un pareil compte rendu autre chose qu'un catalogue absolument dénué d'intérêt pour le plus grand nombre.

1. Communication faite à la section d'horticulture de la Société des Agriculteurs de France pendant l'assemblée générale du mois de février 1888.

MONTSERRATE

Une maison rustique à laquelle on n'ose pas donner le nom de châlet sert d'habitation au concierge et les personnes qui ont obtenu l'autorisation de visiter le château ou le parc de Montserrate sont priées d'inscrire leur nom sur un registre ; c'est le moins que l'on doive au propriétaire de cette demeure sans rivale au monde, on peut le dire hardiment et sans crainte d'être démenti par quiconque l'aura visitée dans tous ses détails. J'en essaie ici la description plus pour fixer un souvenir personnel que dans l'espoir de retracer ce que j'ai vu et d'en donner même une faible idée au lecteur qui traîtera d'enthousiaste ou d'illuminé l'heureux visiteur du plus splendide jardin d'acclimatation qui existe en Europe, à ma connaissance du moins. Je tâcherai d'être sobre d'épithètes et de mettre une sourdine à mon admiration, ne fût-ce que pour n'en pas remplir inutilement des pages qu'il vaut mieux consacrer à l'énumération des plantes exotiques, qui semblent s'être donné rendez-vous à Montserrate, de toutes les parties du monde.

En entrant on se trouve dans un bois de chênes-liège dont quelques-uns ont quatre mètres de circonférence ;

nous prenons un petit sentier sur la gauche et guidés par le bruit des eaux, nous arrivons en face d'une immense cascade qui se précipite dans un vallon étagé, dont les roches sont couvertes de *Davallia Canariensis*. Dans le bassin formé par la première chute de la cascade, il y a comme une forêt de *Cyperus papyrus*, un fouillis de *Richardia* mêlés aux *Hédychium corronarium* à fruits rouges avec des *Bambous* variés, un peu partout. Des anfractuosités des rochers s'élancent des *Dracœna* à la tête richement ornée de leur splendide feuillage.

Nous descendons toujours et sur les bords du premier réservoir les *Colocasia esculenta* avec leurs larges feuilles semblent vouloir cacher l'eau qui s'échappe dans un large ravin, au-dessous du pont que l'on traverse. Ce nouveau vallon est couvert, littéralement couvert d'arbres étranges, dont la hauteur exceptionnelle, la largeur des frondes et surtout le grand nombre font hésiter à appeler de leur vrai nom, car ce bois, unique dans son genre, n'est composé que de *fougères arborescentes*. Evidemment celles que la ville de Francfort a achetées du duc de Nassau sont plus larges et dans les serres de Schœnbrunn il y en a peut-être quelques-unes de plus hautes, mais à Francfort on en compte quatre ou six et ce sont les plus anciennes que l'on connaisse ; à Montserrate, il y en a cent et plus dans ce seul premier ravin et nous en retrouverons plus de cent un peu plus loin sans compter d'autres massifs dans lesquels nous errerons encore avant de sortir de ces jardins enchantés.

Mais continuons notre promenade en suivant des sentiers bordés de *Bégonia rex* aux larges feuilles, de *zebrina* aux couleurs éclatantes avec des touffes élevées du *metallica ;* quant au *discolor* c'est un peu ici comme de la mauvaise herbe, et je ne parlerai plus de ces belles plantes que l'on retrouve partout, qui garnissent les joints des pierres et qui semblent y pousser à l'état sauvage.

Au détour d'un rocher,le paysage change tout à coup; nous sommes au milieu d'un bois de *Camélias*, je dis : un bois, tout en fleurs et nous sommes au 19 janvier. Quelques *Rhododendrons* sont mêlés aux camélias et dans le lointain, au-dessus de toutes ces fleurs rouges, blanches, roses, panachées, se dresse la grosse tête d'un *Mimosa dealbata* absolument couvert de ses fleurs jaune canari, comme pour faire ressortir l'éclat des Camélias. Plus loin, nous retrouverons de ces mêmes mimosas, au milieu des chênes-liège, produisant plus d'effet encore, s'il est possible, car là ils éclairent, si l'on peut s'exprimer ainsi, le paysage attristé par la forêt des lièges.

Tout à coup, nous retombons dans les Fougères et je me trouve en face de *Cyathea medullaris*, qui ont au moins 6 mètres de tronc jusqu'aux premières frondes. J'ai oublié de dire qu'il y a vingt ans, les chênes-liège couvraient tout le parc et que l'oranger occupait seul les espaces conquis sur la forêt.

Sous ces géants la terre est couverte de *Ptéris tricolor, umbrosa et argyrea;* de fougères herbacées de toute sorte sans oublier cette singulière *Woodwardia radicans* avec ses longues feuilles qui prennent racine lorsqu'elles viennent à toucher terre et qui, à elles seules, pourraient constituer le plus admirable tapis de verdure que puisse rêver un jardinier en délire.

Une grande fleur tubulaire rouge est tombée au milieu de l'allée que nous suivons, je relève la tête, c'est un buisson de *Fuchsias boliviensis* qui a de 3 à 4 mètres de hauteur et plus haut encore un vieil arbre absolument recouvert par des *Cobœa scandens* qui se sont emparé de lui et qui forment une masse de lianes, de fleurs, de feuilles qui peut avoir de 4 à 6 mètres de diamètre. Vous figurez-vous le parterre de fleurs tombées d'une coupole ou plutôt d'un dôme de ce genre ?

Contre les murs d'une ruine, dans un enfoncement de laquelle on aperçoit un tombeau étrusque, ruine qui sera bientôt recouverte de tous ces parasites savamment entremêlés, je trouve l'*Asplenium palmatum*, une fougère, comme son nom l'indique, mais que l'on prendrait pour du lierre, tant il lui ressemble et si, comme les *adianthum*, il ne portait pas sa graine sur ses feuilles. C'est une plante indigène du Portugal ; et je ne parle plus ici des fougères et des bégonias qui tapissent cette ruine à côté de laquelle apparaît le premier *Datura sanguinea* avec ses longs tubes jaunes et rouges. C'est un arbre de 4 mètres qui produit un effet extraordinaire et que l'on retrouve à plusieurs reprises différentes dans ce parc merveilleux. Du point où nous sommes, on peut voir, dans le gazon qui descend à la rivière, quelques beaux exemplaires de *Cycas circinalis* et *revoluta* et un gros massif de *Strelitzia angusta* qui pousse à la façon des *Bambous* et sur le bord de l'eau. Quant aux *Strelitzia reginæ* ils sont partout, comme en Sicile, dans les bordures mêlées aux *Bégonias*. Ils fleurissent à l'ombre et au soleil, garnissent les plates-bandes, on ne s'en occupe pas.

Dans le fond de la vallée et s'échappant des longues branches surbaissées d'un conifère, s'élance un *Dracœna australis* qui doit avoir de 12 à 15 mètres de hauteur et dont le vert clair ressort merveilleusement sur le noir du fond.

Nous entrons dans la région des *Araucarias*. ici, au moins, on n'a pas abusé de l'*Excelsa* qui fatigue par sa beauté, par sa régularité, par un je ne sais quoi qui agace. Le roi Fernando, ce grand artiste qui avait créé la *Penha*, avait remédié à cet inconvénient en plantant ces araucarias très rapprochés les uns des autres, ils ne pouvaient plus étaler à leur aise leurs rameaux mathématiques et comme cela « la fiancée n'était plus trop belle ». Ajoutez les *Bedwilii* , les *Cuninghamii*, les *Glauca*, les *Brésiliensis*, sur le plus gros desquels grimpe un *Mullembeckia complexa*. L'araucaria a 22 ans, mais, en revanche il a plus de 25 mètres. Et au milieu de cette forêt d'un nouveau genre, un *Chamœrops excelsa* qui a bien 12 mètres de haut. Les *Passiflores* de tout genre, imitent les Cobœas que nous avons rencontrés déjà et s'élèvent dans les branches des arbres, les enlacent et forment les plus singuliers effets : il n'y a pas jusqu'aux *Eucalyptus* qui ne soient réellement beaux, ce que l'on constate rarement sur le littoral de la Méditerranée tout au moins. Ils sont droits, lisses, blancs avec une belle tête bien régulière. On dirait que l'on fait la toilette de ces géants, qu'on les brosse et qu'on les peigne, après les avoir forcés à se bien tenir.

Les *Yucca Parmentieri* abondent dans cette partie des jardins avec leurs feuilles mortes, retombant sur le tronc qu'elles grossissent démesurément par le haut. Si vous avez une distraction et que vous tourniez la tête, vous voyez la grande nappe bleue de l'Océan par delà les riches vignobles de Collares.

Il faut bien citer un *Damara Brownii* de la Nouvelle-

Hollande qui a de 15 à 18 mètres et ne pas oublier un autre géant de 8 à 10 mètres, l'*Eugenia australis*. Mais voici un autre bois de Fougères ; celles-là seront sous l'abri le plus fleuri qui soit. Des branches de chênes-liège sont entrelacées à une certaine hauteur et des rosiers grimpants s'empareront de cette charpente rustique et formeront le toit fleuri de cette serre d'une nouvelle espèce.

Nous retombons dans une forêt de Camélias avec des *Metrosideros* et des *Polygala* partout. Un petit ruisseau coule dans le sentier que nous suivons ; qu'est-ce que cette mauvaise herbe, cette petite mousse que l'on voit à côté ? On dirait que cette partie est moins soignée, moins bien entretenue que le reste ! Cette mauvaise herbe ? c'est du *Lycopodium* et c'est encore des *Lycopodes* qui poussent sur les rocailles qui bordent les chemins et y remplacent la mousse ordinaire.

En sortant d'une vallée pleine de *Rhododendrons* géants, nous nous trouvons au milieu d'*Agaves* de toute sorte parmi lesquels s'élève le *Salmiana*, celui avec lequel on fait le *Pulche*, la liqueur chérie des Mexicains. Voyez aussi l'*Agave Coccinea*. Ils sont là en famille et la famille est nombreuse, je vous assure.

Nous sommes une fois encore au fond de la vallée et sur les bords du ruisseau à côté d'un *Gynerium argenteum* énorme et de *Dasilirion* qui semblent sortir de partout. Peu après, un *Encephalartos villosus*, des Dracœnas encore, puis une petite plante, à feuilles très larges. Je me baisse pour la voir de plus près, c'était un *Hœmanthus coccineus*, échappé de quelque serre chaude de nos pays et qui dormait là au soleil, en attendant que la fleur vienne faire disparaître ses feuilles et *vice-versa* comme l'on dit. Le *coccinea* ne s'en gênant pas davantage, à Montserrate, je n'ai pas pris la peine de chercher le *Tigrinus*, bien sûr qu'il était là quelque part.

Nous entrons maintenant dans la région des Palmiers et des Cycadées et nous nous heurtons tout d'abord à un *Latania Borbonica* énorme. Je regrette que cette plante magnifique ne soit pas plus répandue dans ce pays où elle réussit à merveille. Je sais bien qu'on le remplace par le *Pritchardia fillifera* aussi nommé *Washingtonia*, dont les feuilles sont aussi larges et le tronc plus beau peut-être, mais à Montserrate, dans cette serre en plein air, d'un aussi grand nombre d'hectares, il y a place pour tout et on s'en aperçoit.

Le très intelligent directeur du Jardin botanique de l'Ecole polytechnique à Lisbonne, M. Daveau, ayant parfaitement réussi l'acclimatation des *Cocos*, nul doute que d'ici à peu d'années, on n'en trouve une forêt à Montserrate où s'élève déjà le *Ptychospermum Cuninghamii* qui, de loin, ressemble à un *Areca* dont nous voyons un superbe exemplaire, le *sapida* et les *Phœnix sylvestris* mêlés aux *rupicola* et aux *tenuis* qui est le *Canariensis*. — Avec le Pritchardia, ce dernier devrait orner tous les jardins des pays où pousse l'olivier. Mais voici un autre géant qui a 10 mètres de tronc au premières branches, c'est le *Coripha australis*. « Oh ! le beau saule pleureur ! s'écrie mon voisin ; comme il est grand ! » Le saule est un simple *Leptospermum* non loin d'un *Lasiandra macrantha* qui a plus de 2 mètres de haut et d'un *Alsophila australis* qui a un tronc de 5 à 9 mètres. Après avoir admiré — car ici il faut toujours admirer et ne jamais se lasser — un autre *Eugenia australis*, nous remontons un petit sentier dont les bords sont encombrés de *Bégonias*, de *Ruellia maculata*, de *Marantha* de toutes sortes, de *Lantanas delicatissima* sans compter les autres curiosités. Nous trouvons un grand platane qui recouvre tout le massif, mais qui est enlacé par un lierre d'une nouvelle espèce pour nous, pauvres habitants de la froide Europe qui n'avons jamais parcouru les forêts vierges du nouveau monde ; ce lierre,cette pieuvre n'est autre chose qu'un *Philodendron pertusum* dont le pied si mince a poussé sur une racine du géant,l'a saisi déjà par toutes ses tentacules et va grimper rapidement jusqu'à la cîme en lançant vers la terre ses suçoirs qui formeront bientôt un fouillis de lianes. Ce *philodendron*, perdu dans un coin ignoré de cet immense parc,est une des choses qui donnent peut-être la plus grande idée de la végétation exceptionnelle de Montserrate et de tout ce que l'on y peut trouver de merveilleux.

Je me souviens d'avoir parlé du *Fuchsia boliviensis*, mais je n'ai pas dit que l'*Arborea* avait 8 mètres de hauteur et qu'ici les *Franciscœa* ressemblent aux grand slilas de nos jardins et que les *Erythrina Crista Galli* sont de gros arbres comme les *Datura sanguinea* que nous avons vus auprès de la ruine.

Je m'aperçois, après avoir passé du côté opposé du vallon, que j'ai oublié de citer un *Seaforthia elegans* qui a cependant 5 à 6 mètres de haut, quelques *Livistona australis* un *Sabal Blackburniana*, des *Rhopala corcovadensis* et d'autres espèces varriées. Quand je dis : j'ai oublié quelque chose, que l'on n'aille pas supposer, qu'en réparant ma faute, j'aurai tout dit. Loin de là, c'est à peine si j'ai donné une faible idée des trésors de tous les climats que renferme Montserrate.J'y reviendrai dix fois que. si j'étais un connaisseur, — pas même un savant, — j'en pourrais citer dix fois plus et n'être pas encore au bout du catalogue, impossible à faire je crois, des trésors au milieu desquels on ne se lasse pas de circuler.

Nous approchons du château, magnifique habitation indienne, palais d'un nabab, mais dont je ne dirai pas un traître mot pour n'avoir pas à doubler ces pages trop longues déjà et pour ne pas sortir de mon rôle de jardinier.

Une grande pelouse descend vers la rivière ; la cascade se précipite au milieu de la forêt de chênes-liège, fond de la végétation arbustive du pays, au milieu de laquelle s'élève l'*Erica arborea* indigène également, mais qui atteint ici trois mètres et plus. Au loin, l'Atlantique, plus près une rivière coule au pied de la colline ; elle a été faite pour servir de point de vue et est formée par la retenue des eaux de la cascade. Au milieu de la pelouse deux ou trois *Eucalyptus*, si propres, si blancs, qu'ils font plaisir à voir, et si haut, avec leurs vingt ans, qu'ils ne gènent pas la vue. Puis ce sont d'énormes *Cupressus*, des *macrocarpa*, *californica*, *goveniana*, des *Juniperus virginiana* et près du ruisseau, ce fameux ruisseau qui a toutes les plantes des quatre parties du monde sur ses bords, un malheureux *Taxodium distichum* qui semble surpris de se trouver si près de la touffe de *Strelitzia augusta* et dans le voisinage des *Musa Ensete*, *Coccinea* et autres variétés du genre.

Oublié encore un *Libonia floribonda* qui a bien deux mètres de haut et quatre mètres de circonférence. Tout à côté du château voyez un bel exemplaire *d'Acacia melanoxilun* dont le bois est noir comme de l'ébène. C'est dans cette région que sont les plus beaux *Franciscœas*.

Je relis cette longue énumération et je vois que je n'ai pas cité un *Cibotium princeps* dont le tronc a cependant plusieurs mètres, plus tant et tant d'autres plantes que l'on en perd littéralement la tête et que l'on sort de Montserrate ébloui, fasciné. On vient d'assister à une féerie, mais féerie où rien n'est artificiel, tout est nature si on peut s'exprimer ainsi. Il est bon que les amateurs connaissent le théâtre où elle se présente toute seule, car il n'est cité nulle part que je sache, c'est le but que j'ai poursuivi en publiant ces souvenirs horticoles.

www.ingramcontent.com/pod-product-compliance
Lightning Source LLC
LaVergne TN
LVHW021709230826
846092LV00002BA/916

9782019233167